아주 쉬운

단위놀이 한마당 3

세는 말 1

낱개 세기

묶어 세기

이음동의어 세기

차례

낱개 세기

가닥 … 6	량 … 23
갈래 … 8	모 … 24
개 … 10	부 … 26
개비 … 13	송아리 … 28
권 … 15	송이 … 30
꼬치 … 17	알 … 32
도막 … 19	조각 … 35
동 … 21	척 … 38
땀 … 22	톨 … 39
	포기 … 41

묶어 세기

켤레

갑 ··· 44
꾸러미 ··· 46
다발 ··· 49
단 ··· 51
두름 ··· 53
묶음 ··· 55
쌈 ··· 59
접 ··· 60
종 ··· 62
죽 ··· 65
줄 ··· 67
질 ··· 70
축 ··· 71
켤레 ··· 72

쾌 ··· 75
타 ··· 76
톳 ··· 78

이음동의어 세기

그루 ··· 80
주 ··· 82
마리 ··· 84
미 ··· 87
발자국 ··· 89
발짝 ··· 91
숟가락 ··· 93
술 ··· 95
매 ··· 98
장 ··· 101
쪽 ··· 106
페이지 ··· 108

세는 말은 다양한 사물의 정확한 단위 사용으로
문해력을 키우는데 도움이 됩니다.

낱개 세기

가닥	도막	송아리
갈래	동	송이
개	땀	알
개비	량	조각
권	모	척
꼬치	부	톨
		포기

가닥

한군데서 갈려 나온 낱낱의 줄이나 줄기 따위를 세는 단위

머리카락

머리카락 한 가닥

가닥

한군데서 갈려 나온 낱낱의 줄이나 줄기 따위를 세는 단위

속눈썹

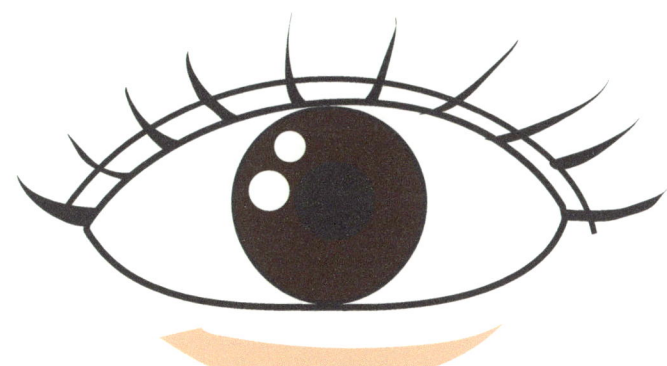

속눈썹 열 가닥

갈래

갈라진 낱낱을 세는 단위

길

세 갈래 길

갈래

갈라진 낱낱을 세는 단위

머리

땋은 머리 두 갈래

개

낱개로 된 물건을 세는 단위

가지

가지 두 개

개

낱개로 된 물건을 세는 단위

공

공 한 개

개

낱개로 된 물건을 세는 단위

아이스크림

아이스크림 한 개

개비

가늘고 짤막하게 쪼갠
토막을 세는 단위

장작

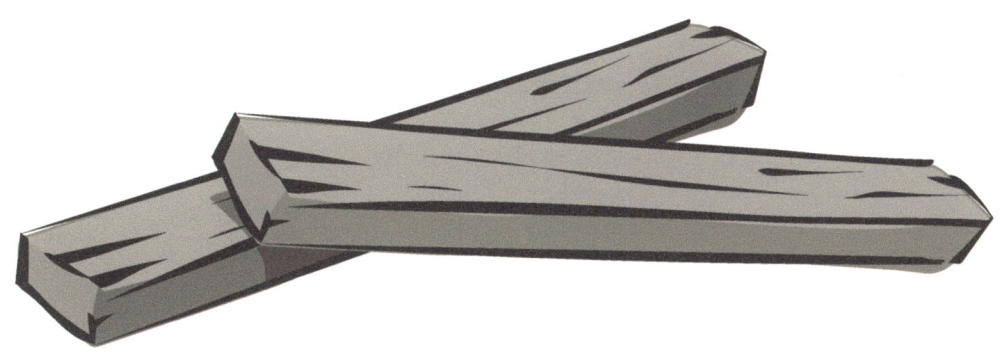

장작 두 개비

개비

가늘고 짤막하게 쪼갠
토막을 세는 단위

성냥개비

성냥 다섯 개비

권

종이로 된 책 등을 세는 단위

책

책 한 권

권

종이로 된 책 등을 세는 단위

스케치북

스케치북 두 권

꼬치

꼬챙이에 꿴 물건을 세는 단위

어묵

어묵 두 꼬치

꼬치

꼬챙이에 꿴 물건을 세는 단위

닭가슴살

닭가슴살 한 꼬치

도막

짧고 작은 동강을 세는 단위

나무

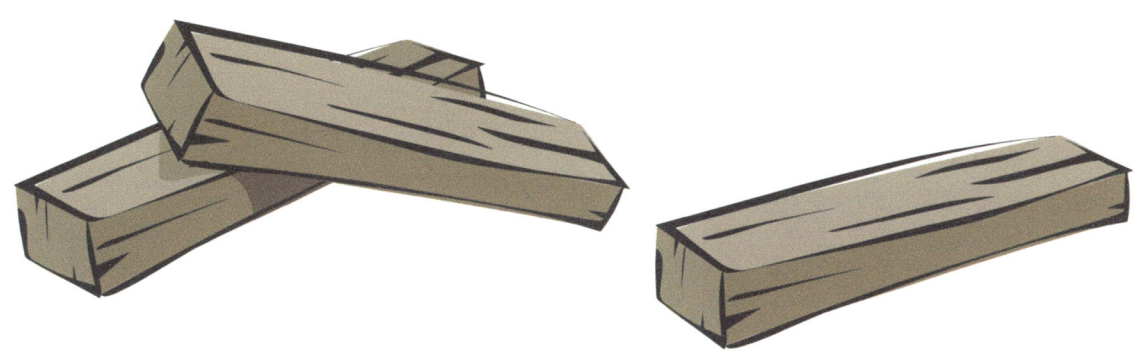

나무 세 도막

도막

짧고 작은 동강을 세는 단위

생선

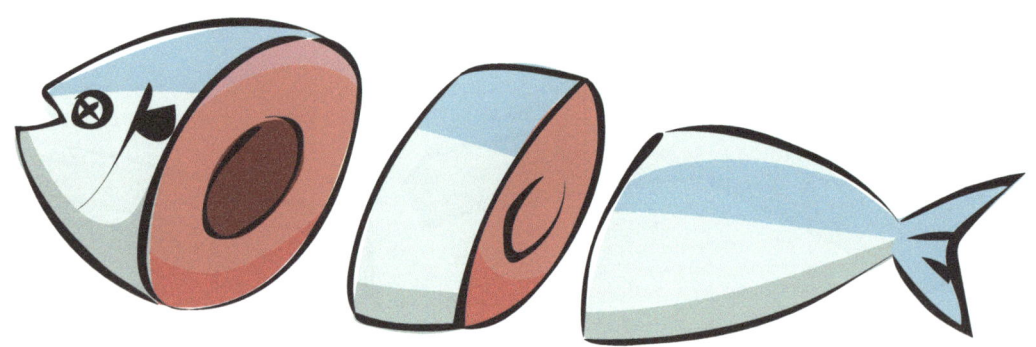

생선 세 도막

동

집채를 세거나 차례를 나타내는 단위

아파트

아파트 세 동

땀

실을 꿴 바늘로 한 번 뜬
자국을 세는 단위

바느질

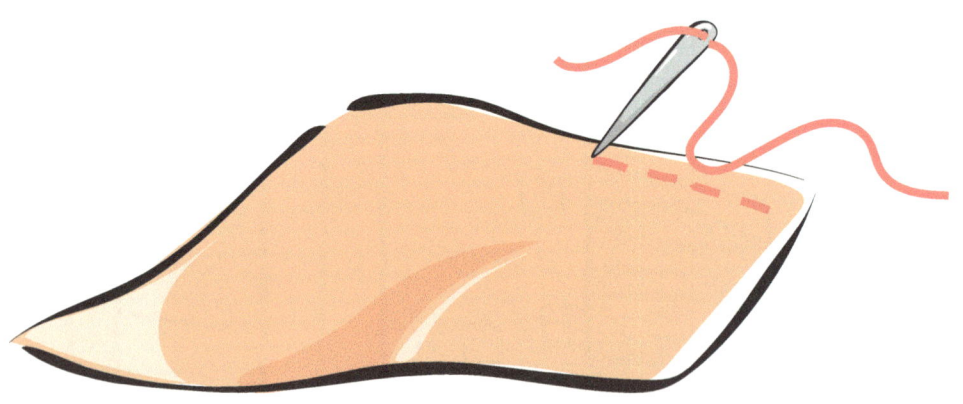

바느질 네 땀

량

전철이나 열차의 차량을 세는 단위

기차

기차 세 량

모

두부나 묵 따위를 세는 단위

두부

두부 한 모

모

두부나 묵 따위를 세는 단위

도토리묵

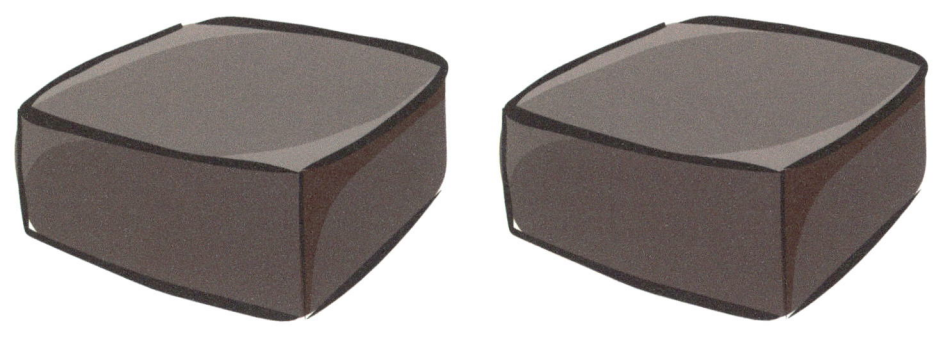

도토리묵 두 모

부

신문이나 책을 세는 단위

신문

신문 한 부

부

신문이나 책을 세는 단위

카탈로그

카탈로그 세 부

송아리

꽃이나 열매 따위가 잘게 모여 달려 있는 덩어리를 세는 단위

꽃

꽃 두 송아리

송아리

꽃이나 열매 따위가 잘게 모여 달려 있는 덩어리를 세는 단위

포도

포도 한 송아리

송이

꼭지에 달린 꽃이나 열매 따위를 세는 단위

포도

포도 두 송이

송이

꼭지에 달린 꽃이나 열매 따위를 세는 단위

꽃

꽃 두 송이

알

작고 둥근 모양의 물건이나 열매, 곡식의 낱개를 세는 단위

감자

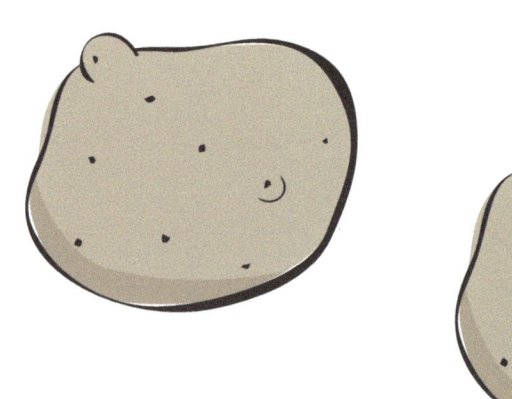
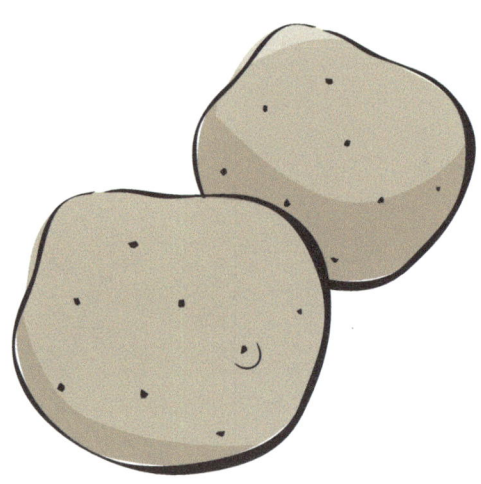

감자 세 알

알

작고 둥근 모양의 물건이나 열매, 곡식의 낱개를 세는 단위

포도

포도 다섯 알

알

작고 둥근 모양의 물건이나 열매, 곡식의 낱개를 세는 단위

알약

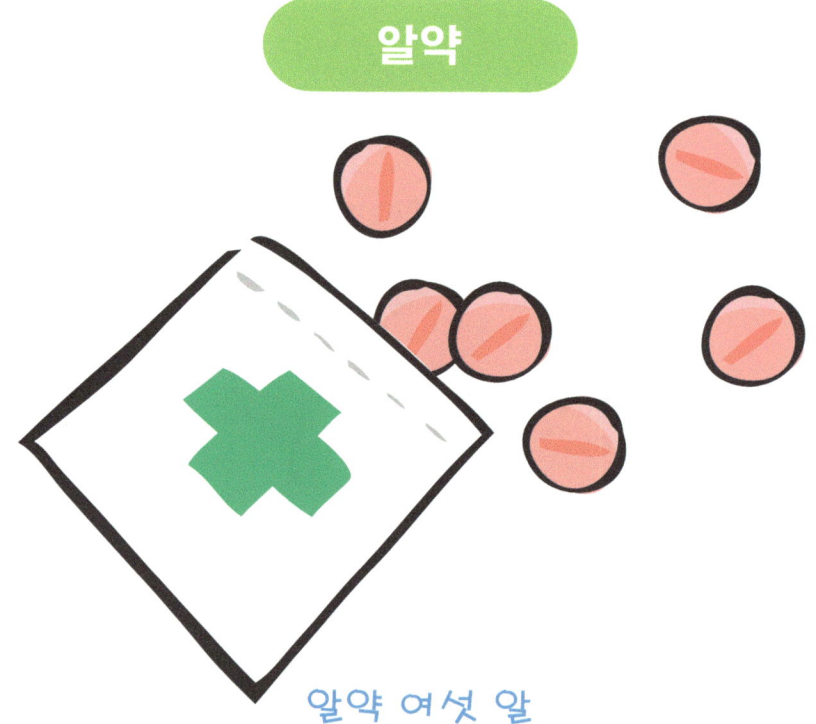

알약 여섯 알

조각

떼어 내거나 떨어져 나온 부분을 세는 단위

피자

피자 한 조각

조각

떼어 내거나 떨어져 나온
부분을 세는 단위

사과

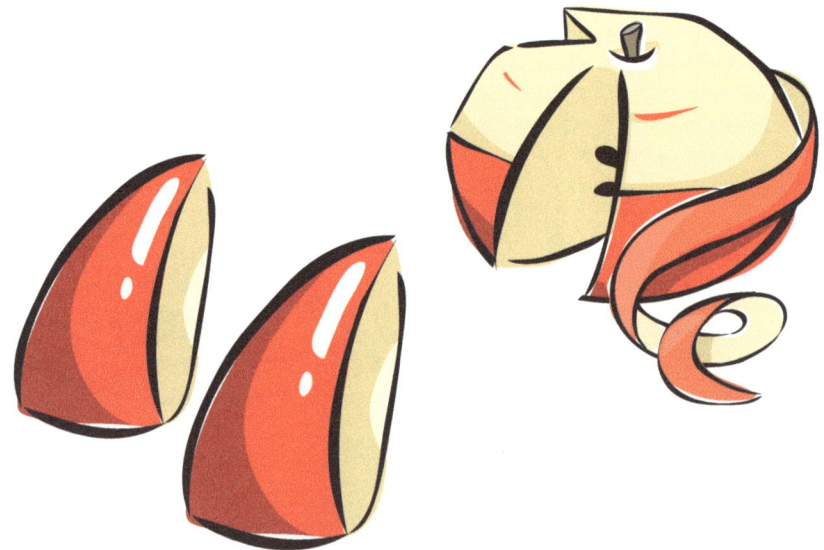

사과 두 조각

조각

떼어 내거나 떨어져 나온
부분을 세는 단위

유리

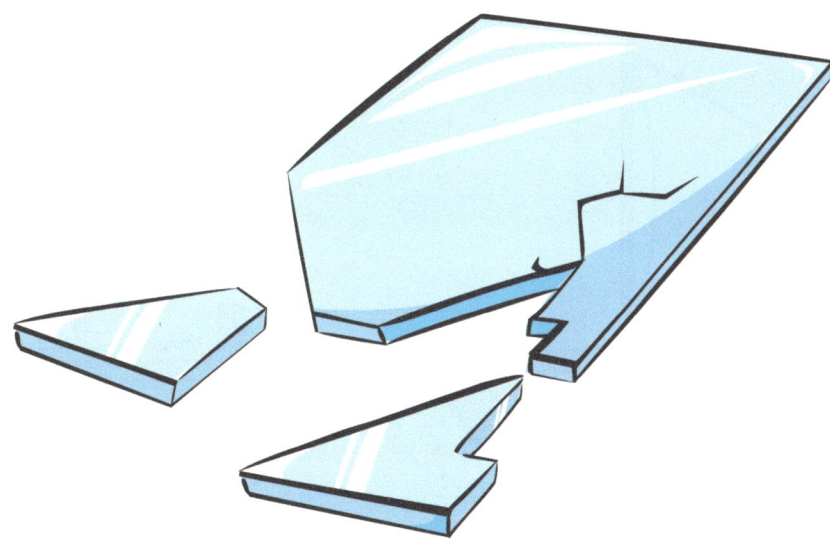

유리 두 조각

척

배를 세는 단위

배

배 두 척

톨

밤이나 곡식의 낟알을 세는 단위

밤

밤 세 톨

톨

밤이나 곡식의 낱알을 세는 단위

쌀

쌀 한 톨

포기

뿌리를 단위로 한 초목의
낱개를 세는 단위

배추

배추 두 포기

포기

뿌리를 단위로 한 초목의
낱개를 세는 단위

풀

풀 한 포기

묶어 세기

갑	쌈	축
꾸러미	접	켤레
다발	종	쾌
단	죽	타
두름	줄	톳
묶음	질	

갑

작은 물건을 작은 상자에 담아 그 분량을 세는 단위

성냥

성냥 한 갑

갑

작은 물건을 작은 상자에 담아
그 분량을 세는 단위

담배

담배 두 갑

꾸러미

1. 꾸리어 싼 물건을 세는 단위
2. 달걀 열 개를 묶어 세는 단위

짐

짐 세 꾸러미

꾸러미

1. 꾸리어 싼 물건을 세는 단위
2. 달걀 열 개를 묶어 세는 단위

책

책 두 꾸러미

꾸러미

1. 꾸리어 싼 물건을 세는 단위

2. 달걀 열 개를 묶어 세는 단위

달걀

달걀 한 꾸러미

달걀 한 꾸러미는 10개입니다.

다발

꽃, 푸성귀, 돈 따위의
묶음을 세는 단위

꽃다발

꽃 한 다발

다발

꽃, 푸성귀, 돈 따위의
묶음을 세는 단위

돈

돈 두 다발

단

짚, 땔나무, 채소 따위의
묶음을 세는 단위

시금치

시금치 세 단

단

짚, 땔나무, 채소 따위의 묶음을 세는 단위

볏짚

볏짚 한 단

두름

1. 조기 따위의 물고기를 짚으로 한 줄에 열 마리씩 두 줄로 엮은 것을 세는 단위

2. 고사리 따위의 산나물을 열 모숨 정도로 엮은 것을 세는 단위

조기

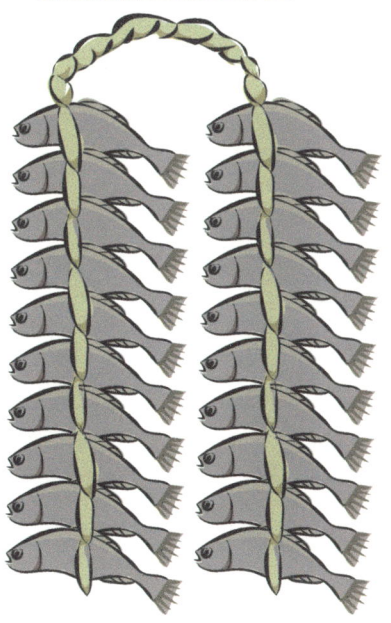

조기 한 두름

조기 한 두름은 20마리입니다.

두름

1. 조기 따위의 물고기를 짚으로 한 줄에 열 마리씩 두 줄로 엮은 것을 세는 단위

2. 고사리 따위의 산나물을 열 줌 정도로 엮은 것을 세는 단위

고사리

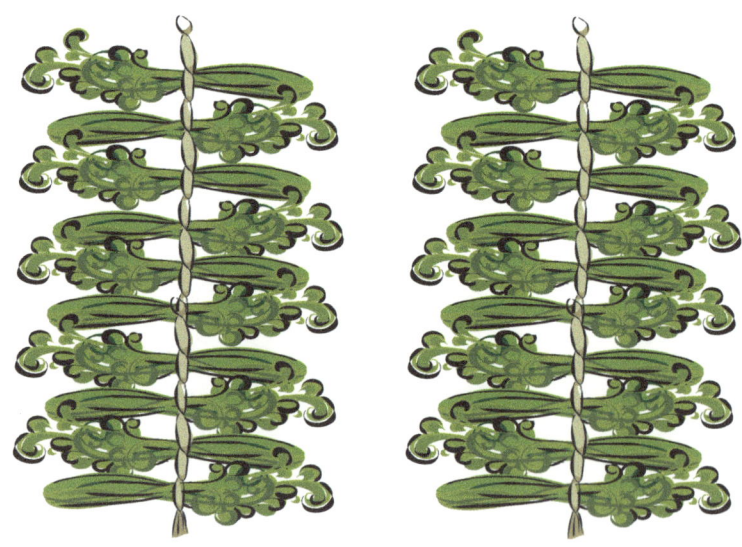

고사리 두 두름

고사리 한 두름은 열 줌 정도입니다.

묶음

묶어 놓은 덩이를 세는 단위

연필

연필 세 묶음

묶음

묶어 놓은 덩이를 세는 단위

나뭇가지

나뭇가지 한 묶음

묶음

묶어 놓은 덩이를 세는 단위

장작

장작 두 묶음

묶음

묶어 놓은 덩이를 세는 단위

종이

종이 두 묶음

쌈

바늘을 묶어 세는 단위

바늘

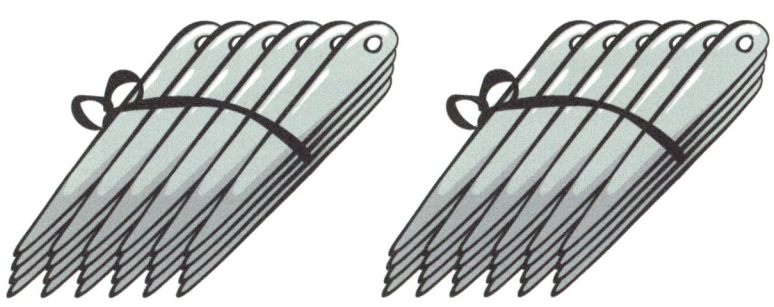

바늘 두 쌈

바늘 한 쌈은 스물네개입니다.

접

채소나 과일 따위를 묶어 세는 단위

배추

배추 한 접

배추 한 접은 100통입니다.

접

채소나 과일 따위를 묶어 세는 단위

사과

사과 두 접

한 접은 100개입니다.

종

종류를 세는 단위

꽃

꽃 다섯 종

종

종류를 세는 단위

곤충

곤충 세 종

종

종류를 세는 단위

과일

과일 다섯 종

죽

옷, 그릇 따위의 열 벌을 묶어 세는 단위

접시

접시 한 죽

죽

옷, 그릇 따위의 열 벌을
묶어 세는 단위

버선

버선 두 죽

줄

1. 글을 가로나 세로로 벌인 것을 세는 단위
2. 길이로 죽 벌이거나 늘여 있는 것을 세는 단위

동시

나리나리 개나리
입에 따다 물고요,
병아리떼 종종종
봄나들이 갑니다,

동시 네 줄

줄

1. 글을 가로나 세로로 벌인 것을 세는 단위
2. 길이로 죽 벌이거나 늘여 있는 것을 세는 단위

곶감

곶감 세 줄

줄

1. 글을 가로나 세로로 벌인 것을 세는 단위
2. 길이로 죽 벌이거나 늘여 있는 것을 세는 단위

어린이

어린이 두 줄

질

여러 권으로 된 책의
한 벌을 세는 단위

전래동화

전래동화 한 질

축

오징어를 묶어 세는 단위

오징어 한 축

오징어 한 축은 스무 마리입니다.

켤레

신, 양말, 버선, 방망이 따위의
짝이 되는 두 개를 한 벌로 세는 단위

신발

신발 한 켤레

켤레

신, 양말, 버선, 방망이 따위의
짝이 되는 두 개를 한 벌로 세는 단위

양말

양말 두 켤레

켤레

신, 양말, 버선, 방망이 따위의
짝이 되는 두 개를 한 벌로 세는 단위

방망이

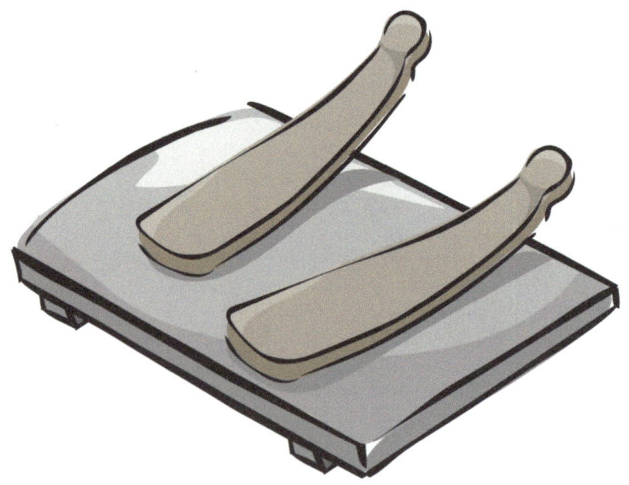

방망이 한 켤레

쾌

북어를 묶어 세는 단위

북어

북어 한 쾌

북어 한 쾌는 스무 마리입니다.

타

물건 열두 개를 한 단위로 세는 말

연필

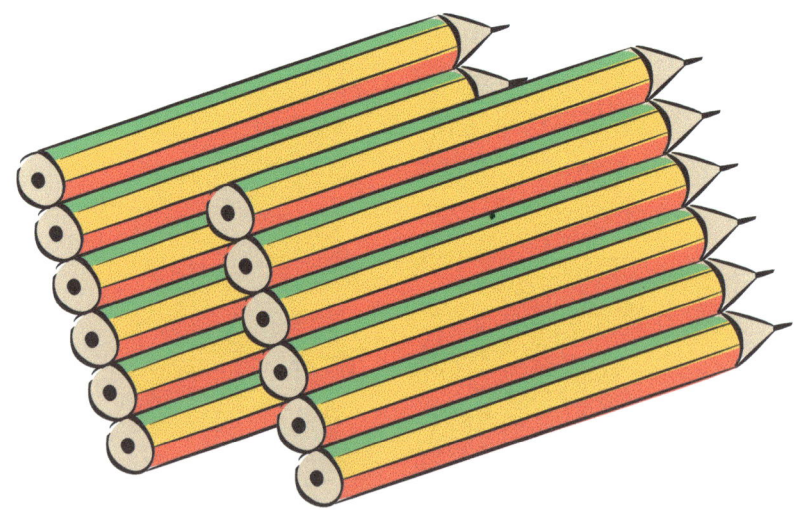

연필 한 타

연필 한 타는 12자루입니다.

타

물건 열두 개를 한 단위로 세는 말

양말

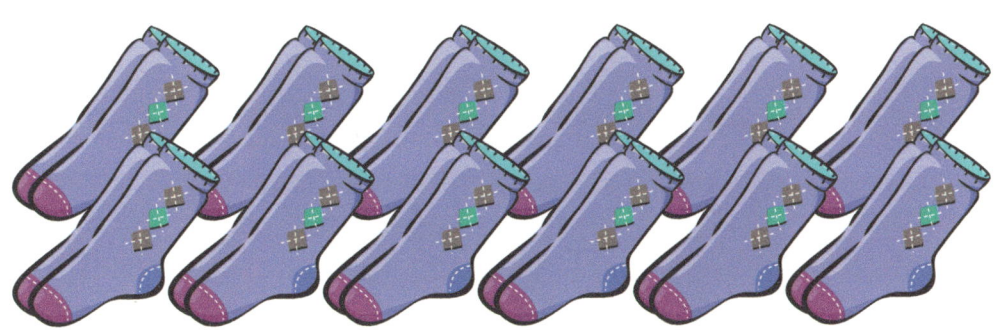

양말 한 타

양말 한 타는 12켤레입니다.

톳

김을 묶어 세는 단위

김

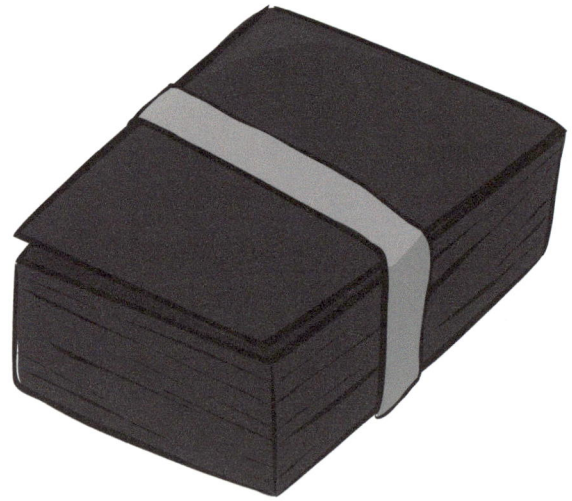

김 한 톳

김 한 톳은 100장입니다.

이음동의어 세기

그루	숟가락
주	술
마리	매
미	장
발자국	쪽
발짝	페이지

그루

식물, 특히 나무를 세는 단위

나무

나무 두 그루

그루

식물, 특히 나무를 세는 단위

감나무

감나무 한 그루

주

식물, 특히 나무를 세는 단위

소나무

소나무 두 주

주

식물, 특히 나무를 세는 단위

고추

고추 한 주

마리

짐승이나 물고기, 벌레 따위를 세는 단위

나비

나비 세 마리

마리

짐승이나 물고기, 벌레 따위를
세는 단위

늑대

늑대 한 마리

마리

짐승이나 물고기, 벌레 따위를 세는 단위

문어

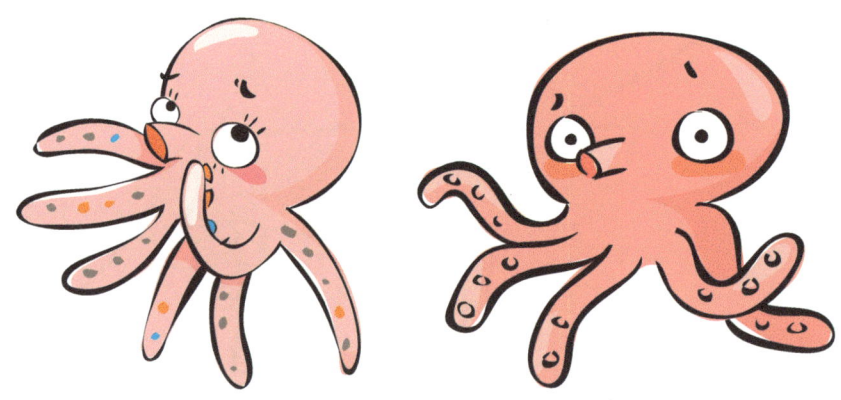

문어 두 마리

미

집승이나 물고기, 벌레 따위를 세는 단위

갈치

갈치 두 미

지금은 [미]대신 순화한 용어 [마리]를 쓰라고 되어 있어요.

미

집승이나 물고기, 벌레 따위를
세는 단위

오징어

오징어 열 미

지금은 [미]대신 순화한 용어 [마리]를 쓰라고 되어 있어요.

발자국

발을 한 번 떼어 놓는
걸음을 세는 단위

큰 걸음

큰 걸음으로 한 발자국

발자국

발을 한 번 떼어 놓는
걸음을 세는 단위

뒤

뒤로 두 발자국

발짝

발을 한 번 떼어 놓는
걸음을 세는 단위

앞

앞으로 수십 발짝

발짝

발을 한 번 떼어 놓는
걸음을 세는 단위

예

옆으로 한 발짝

숟가락

밥 따위의 음식물을 숟가락으로 떠
그 분량을 세는 단위

밥

밥 한 숟가락

숟가락

밥 따위의 음식물을 숟가락으로 떠
그 분량을 세는 단위

고추장

고추장 한 숟가락

술

밥 따위의 음식물을 숟가락으로 떠
그 분량을 세는 단위

식초

식초 한 술

술

밥 따위의 음식물을 숟가락으로 떠
그 분량을 세는 단위

밥

밥 두 술

술

밥 따위의 음식물을 숟가락으로 떠 그 분량을 세는 단위

고춧가루

고춧가루 세 술

매

종이나 유리 따위의 얇고 넓적한 물건을 세는 단위

색종이

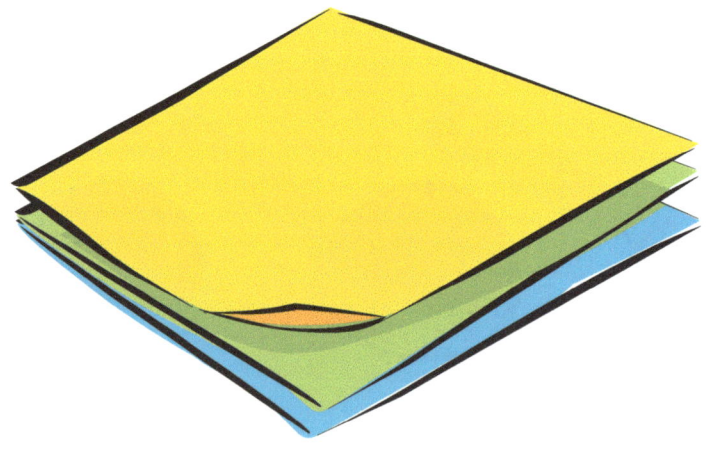

색종이 세 매

[매] 대신 될 수 있으면 순화한 용어 [장]을 쓰라고 되어 있어요.

매

종이나 유리 따위의 얇고 넓적한 물건을 세는 단위

편지지

편지지 백 매

[매] 대신 될 수 있으면 순화한 용어 [장]을 쓰라고 되어 있어요.

매

종이나 유리 따위의 얇고 넓적한 물건을 세는 단위

널판지

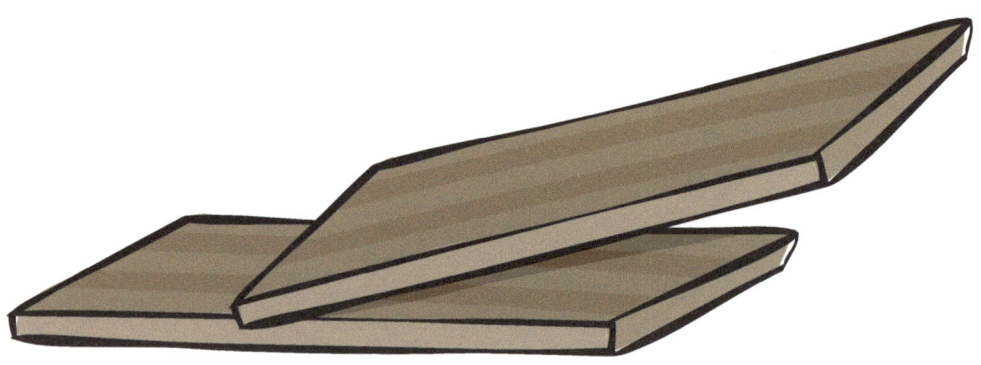

널판지 두 매

[매] 대신 될 수 있으면 순화한 용어 [장]을 쓰라고 되어 있어요.

장

종이나 유리 따위의 얇고 넓적한 물건을 세는 단위

종이

종이 두 장

장

종이나 유리 따위의 얇고 넓적한 물건을 세는 단위

김치전

김치전 두 장

장

종이나 유리 따위의 얇고 넓적한 물건을 세는 단위

수건

수건 한 장

장

종이나 유리 따위의 얇고 넓적한 물건을 세는 단위

유리

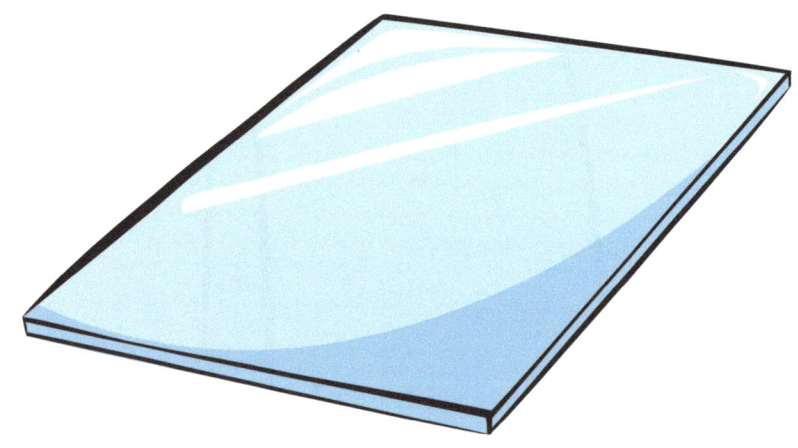

유리 한 장

장

종이나 유리 따위의 얇고 넓적한 물건을 세는 단위

깻잎

깻잎 세 장

쪽

책이나 장부 따위의 면을 세는 단위

수학놀이

수학놀이 5쪽 6쪽

쪽

책이나 장부 따위의 면을 세는 단위

한글놀이

한글놀이 48쪽

페이지

책이나 장부 따위의 면을 세는 단위

동화책

동화책 16페이지

[페이지]대신 될 수 있으면 순화한 용어[쪽]을 쓰라고 되어 있어요.

페이지

책이나 장부 따위의 면을 세는 단위

동물도감

동물도감 2, 3 페이지

[페이지]대신 될 수 있으면 순화한 용어[쪽]을 쓰라고 되어 있어요.

목록

길이
밀리미터 **mm**
센티미터 **cm**
미터 **m**
킬로미터 **km**

치, 뼘, 자, 길

부피/들이
세제곱센티미터 **cm³**
세제곱미터 **m³**

밀리리터 **mL**
데시리터 **dL**
리터 **L**

홉, 되, 말, 섬

시간
초 **s**
분 **min**
시 **h**
일 **d**

주, 월, 년, 세기

넓이
제곱센티미터 **cm²**
제곱미터 **m²**
제곱킬로미터 **km²**

아르(a), 헥타르(ha)

무게
그램 **g**
킬로그램 **kg**
톤 **t**

마이크로그램(µg)
캐럿(ct)
근, 관, 돈,

온도
섭씨온도 **°C**
화씨온도 **°F**
절대온도 **k** 켈빈

속도
초속거리 **m/s**
시속거리 **km/h**

노트(kt)

뭉쳐 세기

덩어리
덩이
모금
무더기
뭉치
바리
바퀴
방울
보따리
사리
움큼
자밤
주먹
첩
타래

용기 단위 세기

가마니
공기
그릇
대접
병
봉지
사발
삽
상자
잔
접시
종지
컵
포대

동음이의어 세기

대	짝
벌	채
자루	통
점	판
줄기	필

아주 쉬운 단위놀이 한마당.3 [세는말.1]

1판 발행일 : 2023년 11월 20일

지은이 : 한버공

펴낸 곳 : 청송문화사
　　　　　서울시 중구 수표로 2길 13

홈페이지 : www.kidzone.kr

E-mail : kidlkh@naver.com

전화 : 02-2279-5865

팩스 : 02-2279-5864

등록번호 : 2-2086 / 등록날짜 : 1995년 12월 14일

가격 : 16000원

잘못 인쇄된 책은 서점이나 본사에서 바꿔 드립니다.

아주 쉬운 단위놀이 한마당.3 [세는말.1]